Het geslacht Roelinck uit Zwolle

Bas Roeling

Het geslacht Roelinck uit Zwolle

Genealogisch & Heraldisch Bureau S. Roeling

De tekst in deze uitgave: © Jkr. Dr. Sebastiaan Eduard
Markus Roeling 2022

ISBN 978-1-4709-8145-7

NUR 680, Geschiedenis algemeen

Eerste druk, november 2022

Genealogisch & Heraldisch Bureau S. Roeling
Bergschenhoek

Inhoud

1. Inleiding

Als genealoog, en als lid van het uit Saksen stammende geslacht Röhling – Roeling, ben ik altijd op zoek naar andere families met een soortgelijke geslachtsnaam. Zo heb ik mij verdiept in gelijknamige families uit Neuenkirchen, Osnabrück, Waldau, Luxemburg en zelfs Klein-Betschkerek in Roemenië. De meeste geslachten met een soortgelijke naam zijn afkomstig uit het Duitse spraakgebied. Zo ook een geslacht Roling uit Emsbüren waarvan een tak zich in 1754 vestigde in het Twentse Olde Wiefferink in Noord Deurningen en zich daar Roelink ging noemen. Deze familie voert sedert jaren een familiewapen Roelink wat ook is opgenomen in het Armorial général van Rietstap. Hetzij aangepast met schildhouders, een ander helmteken en een wapenspreuk.

Bij het genealogisch onderzoek naar dit geslacht bleek echter dat het door hen gevoerde familiewapen herleidbaar was tot een bron uit 1812 met betrekking tot het geslacht Van Suchtelen. Hieruit werd duidelijk dat het wapen werd toegeschreven aan een zekere Maria Roelinck, lid van een geheel ander gelijknamig geslacht afkomstig uit Zwolle. Bovendien bleek deze bron ook nog het verkeerde familiewapen bij deze Maria Roelinck te hebben opgenomen. Dit leidde tot een onderzoek naar het in dit boek beschreven geslacht Roelinck en het door hun daadwerkelijk gevoerde familiewapen.

Deze familie Roelinck wordt voor het eerst vermeld in 1555 wanneer Gijsbert Roelinck werd genoemd als burger van Zwolle. Deze Gijsbert zou in 1563 worden benoemd tot griffier van de staten van Overijssel. Zijn kleinzoon, Herman, kocht in 1622 de havezate Vechter-

7

weerd en noemde zich vanaf dat moment dan ook Roelinck tot Vechterweerd. Het lot van de havezate en die
van het geslacht lijkt vanaf dan met elkaar verweven.
De familie beleeft hoogtijdagen met het verwerven van
bezittingen en het beoefenen van functies als griffier en
secretaris van Overijssel en schepen en burgemeester
van steden als Zwolle en Kampen. In de tussentijd
woonden de familieleden op Huize Vechterweerd wat
werd beschreven "als een zeer vermakelijk lusthuis"
met stallen, dienstwoningen, boerenerven, landbouwgrond en bossen, ruime tuinen met boomgaarden met
"exquise vruchtbomen" en fraaie en met smaak aangelegde wandeldreven. De bestuurlijke functies en de havezate gingen over van vader op zoon. Uiteindelijk
werd Vechterweerd geërfd door een kleindochter, Fenna
Hendrina Roelinck, gehuwd binnen het geslacht Greven.
   Door het uitblijven van mannelijk nageslacht, en het
vroegtijdig overlijden van de mannen die het geslacht
vertegenwoordigden, verdween de naam van de familie
Roelinck langzaam uit beeld, totdat men enkele genera-
ties later zelfs was vergeten welk familiewapen zij voer-
den, en gingen hun bezittingen en functies over naar de
aangetrouwde families.
   Met Vechterweerd liep het niet veel anders af. Na het
overlijden van de kleinzoon van Fenna Hendrina werd
Vechterweerd door zijn erfgenamen in 1844 te koop
aangeboden en op afbraak verkocht. Het huis werd in
1845 gesloopt. In 1849 werd het huisperceel verkaveld,
de bomen gekapt en de tuinen geschikt gemaakt voor
weiland totdat niets meer herinnerde aan de ooit zo
statige havezate en men langzaam vergat dat het ooit
had bestaan.

2. Het familiewapen van het geslacht Roelinck

Over het familiewapen van het in dit boek beschreven geslacht Roelinck bestond enige verwarring. Binnen een gelijknamig geslacht Roelink uit Twente (oorsponkelijk uit Emsbüren) wordt het volgende wapen gevoerd: in blauw drie rode wassenaars (1-2), de onderste twee afgewend. Bij nadere bestudering bleek echter dat het hier een geassumeerd (aangenomen) familiewapen betreft dat van oudsher wordt toegeschreven aan het in dit boek beschreven geslacht Roelinck. Het zal ongetwijfeld zijn aangenomen op basis van dezelfde familienaam. De Twentse tak van het geslacht Roelink uit Emsbüren heeft het wapen echter laten versieren met schildhouders, een aangepast helmteken en een wapenspreuk met een duidelijke verwijzing naar hun Rooms-Katholieke geloof, terwijl het geslacht Roelinck uit Zwolle juist geheel protestants was.

Roelink

Het familiewapen zoals dat bekend is bij de Twentse tank van het geslacht Roelink uit Emsbüren. Voorzien van de wapenspreuk: Vexilla regis prodeunt, oftewel: de banier des Konings gaat vooruit. Een Latijnse hymne geschreven door Venantius Fortunatus (530-609).

9

Dit familiewapen wordt ook beschreven in het Armorial général (1884-1887) van J.B. Rietstap. Rietstap wordt beschouwd als de vader van de moderne heraldiek.

Het wapen zoals dit is opgenomen in Rietstaps Armorial général met de volgende blazoenering: D'azur a trois croiss. Malordonnés de gu., celui en chef montant, les deaux autres adossés.

Toch gaat men tegenwoordig wat voorzichtig om met zijn werk als bron. Rietstaps verzameling groeide namelijk doordat hij Europese wapens uit alle perioden afkomstig uit boeken en tijdschriften toegestuurd kreeg van correspondenten. Hij noteerde telkens het gebied of land waaruit de wapenvoerende familie stamde zonder bronvermelding. Daardoor zijn foute toeschrijvingen niet na te gaan.

In de databank van het Centraal Bureau voor Genealogie is hetzelfde wapen opgenomen bij de familie Roelinck. Hierbij wordt als bron een handgeschreven boek vermeld getiteld: "Genealogie der familie Van Suchtelen, I Deel, opgemaakt door een lid dier familie op het einde van den jaare 1812" In dit boekje is een kwartierstaat opgenomen van Abraham Joan van Suchtelen. In de kwartierstaat staat op de plaats van zijn overgrootmoeder van moeders kant het hier beschreven wapen met vermelding van de geslachtsnaam Roelinck. Abraham Joan van Suchtelen was een kleinzoon van Anna Mechteld Sina Jordens, de dochter van Rudolph Jordens en Maria Roelinck.

10

Bladzijde uit "Genealogie der familie Van Suchtelen, I Deel, opgemaakt door een lid dier familie op het einde van den jaare 1812" waarin het wapen van drie rode wassenaars is opgenomen op de plaats van Maria Roelinck.

Het lijkt erop dat ook Rietstap deze bron heeft gebruikt bij het samenstellen van zijn Armorial général. De opsteller van de genealogie blijkt hier echter een fout gemaakt te hebben. Bij het archiefonderzoek naar de familie Roelinck bleek immers al snel dat leden van dit geslacht helemaal niet zegelden met een wapen met drie wassenaars maar met een wapen met "een **dwarsbalk vergezeld van drie schapescharen, geplaatst 2,1.**"

Het zegel van Harmen Willem Roelinck, schepen en burgemeester van Kampen aan een testament van 18-09-1747.

Het zegel van Dr. Harmen Jan Roelinck, schepen en bur-
gemeester van Kampen aan een testament van 18-06-
1759.

Van Maria Roelinck en haar echtgenoot Mr. Rudolph
Jordens zijn portretten bewaard gebleven die onderdeel
uitmaakten van de collectie van Jhr. Sandberg van Essenburg op het kasteel Essenburg. Afbeeldingen hiervan
zijn elders in dit boek opgenomen. Boven het portret
van Maria, op de lijst, pronkt ook het wapen met een
dwarsbalk vergezeld van drie schapescharen.

Maar waar komt dan het wapen met drie rode wassenaars vandaan? Bij het bestuderen van de genealogie
van de familie Roelinck wordt dat vrij snel duidelijk.

Het wapen met drie wassenaars lijkt namelijk sterk op
dat van het geslacht Daendels. De zoon van Maria Roelinck, Herman Joan Jordens, huwde met Rudolfine Johanna Daendels, dochter van Gerard David Daendels,
heer van De Borchgrave en burgemeester van Kampen.
Het was dus niet het wapen van Maria Roelinck, maar
dat van de oudtante van Abraham Joan van Suchtelen,
een schoonzus van zijn grootmoeder Anna Mechteld
Sina Jordens. Wellicht dat de maker van de kwartierstaat een portret met familiewapen van deze Rudolfine
abusievelijk heeft aangezien voor dat van Maria Roelinck. Het is immers niet ondenkbaar dat op enig moment de portretten van beide dames in elkaars nabijheid
hingen.

De afbeeldingen hierboven geven drie soortgelijke wapens weer. Links het familiewapen toegeschreven aan
de familie Roelink zoals opgenomen bij het CBG. In het
midden een variant van het wapen van het geslacht
Daendels zoals opgenomen bij het CBG, omschreven

als: in blauw drie zilveren wassenaars, waarvan twee afgewend elkaar rakend en getopt met een derde. Rechts staat een tweede variant van het wapen van het geslacht Daendels zoals opgenomen bij het CBG, omschreven als: in blauw drie zilveren wassenaars (1-2), de onderste twee afgewend. Van het geslacht Daendels zijn ook meerdere lakzegels bewaard gebleven.

Lakzegel van L.J. Daendels waarbij ook een wassenaar als helmteken is weergegeven.

3. Genealogie van het geslacht Roelinck

1.1 **Gijsbert Roelinck**. Gehuwd met **Margaretha Isebrands**, overleden ná 20-08-1607.

Gijsbert werd in 1555 Burger van Zwolle. Beëdigd tot Griffier van de staten van Overijssel in 1563. In 1577 was hij nog in functie.

Uit dit huwelijk:

1. **Diederik Roelink** (zie: 2.1).

2.1 **Diederik (Derk) Roelinck**, begraven op 09-03-1608. Zoon van Gijbert Roelinck en Margaretha Isebrands (zie: 1.1). Gehuwd op 16-03-1589 te Zwolle met **Hendrikje Egberts**. Dochter van **Egbert Willemsz.** en **Wijlm (Willempje) Egberts**. Hendrikje was weduwe en eerder gehuwd met **Herman Laarman**.

Diederik werd beëdigd tot Griffier van de staten van Overijssel op 27-07-1593.

Uit dit huwelijk:

1. **Herman Roelink** (zie: 3.1).

16

3.1 **Herman Roelinck tot Vechterweerd**, gedoopt op 27-01-1590 te Zwolle, begraven op 20-09-1652 te Zwolle. Zoon van Diederik (Derk) Roelinck en Hendrikje Egberts (zie: 2.1). Gehuwd op 07-07-1616 te Zwolle met **Elisabeth Mechteld Ripperda**, gedoopt op 25-05-1600 te Zwolle, begraven op 09-04-1661 te Zwolle. Dochter van **Herman Ripperda** en **Mechteld van Middelborch**.

Herman werd beëdigd tot Griffier van de staten van Overijssel op 17-08-1613 en bleef deze functie tot zijn overlijden in 1652 vervullen.

In 1616 huwde hij met Elisabeth Mechteld Ripperda. Haar vader, Herman Ripperda, was een nartuurlijk zoon van Unico IV baron Ripperda, heer van Boxbergen, Oosterwijtwerd en Dijkhuizen en drost van Salland, en Eva Doppes van Goor (een buitenechtelijke dochter uit het geslacht Van Reede): "Had haer sitten op Arkelstein, waervan de drosten van Sallant wegens de provincie van Overijssel castelijns sijn, en teelde bij haer twee kinderen met namen: Harmen en Focco."

Herman Ripperda huwde op 26 06 1599 te Zwolle met Mechteld, dochter van Gerrit Middelborch, burgemeester van Zwolle.

Door het huwelijk met Elisabeth Mechteld Ripperda kwam Herman Roelinck in bezit van de buitenplaats Schellerberg te Zwolle.

Elisabeth van den Rutenberg verkoopt op 24-02-1616 aan haar nicht Mechteld Ripperda "een tiende" gelegen in de buurtschap Schelle. Bij de goederen, die deze tiende moesten opbrengen, was een spijker gelegen, dat later bekend stond als Grevenspijker in Schelle.

Deze Schellertiende in Zwollerkerspel was aanvankelijk een bron van inkomsten voor de bezitter, bestaande uit de gedorste opbrengsten - meestal een tiende gedeelte - van een zeker stuk land. Hier betrof het een recht, dat leenroerig was aan de proosdij van Sint Lebuïnus te Deventer. De tiendheffers moesten zich eerst met de tienden door de proost van het kapittel laten belenen, alvorens zij over konden gaan tot de heffing van de tienden van de tijdelijke bezitter van het goed.

Voor het eerst wordt melding van deze tiende gemaakt in de lijst van leenmannen van de proosdij uit 1408, toen het in leen werd gehouden door Alof van Zuthem en in 1434 behoorde de tiende toe aan Alof van den Rutenberg. Later blijkt deze tiende deel uit te maken van het goederencomplex van de havezate Zuthem in de gelijknamige buurschap in het schoutambt Zwolle. Door overdracht aan Mechteld Ripperda door juffer Elisabeth van den Rutenberg werd deze tiende uit het complex van de havezate Zuthem losgemaakt en kwam door huwelijk in de familie Roelinck. Vervolgens vererfde dit op de familie Greven en tenslotte via de familie Van Aerssen Beyeren in de familie de Vos van Steenwijk. In 1890/1896 werd het recht afgekocht door Albrecht Nicolaas de Vos van Steenwijk.

18

Er zijn archiefstukken bewaard gebleven met betrekking tot de 'Opslachcedule', stukken betreffende de verpachting door Herman aan verschillende personen van de Schellertiende tussen 1627 en 1630.

In 1622 kocht Herman Roelinck de havezate Vechterweerd, gelegen aan de zuidkant van de vecht. Soms werd het goed gerekend te liggen in de buurtschap Dalfsen, maar meestal in de buurtschap Emmen. Of het recht van verschijning in de Overijsselse Ridderschap aan dit huis verbonden was, werd door sommigen voor twijfelachting gehouden. De in zijn tijd gezaghebbende Steven Gerard van Rhemen tot Rhemenshuizen (1615 – 1676) rangschikte het goed onder de havezaten met het recht van verschijning, maar omdat Vechterweerd steeds in handen was van niet-riddermatige families, was de vraag niet actueel en besteedde men er verder geen aandacht aan. Het huis wordt voor het eerst vermeld in 1616 en werd beleend door Godert Adriaan van Reede. Alle goederen waaronder ook het huis Zuthem, de Luttike hof te Ankum, en de hof Wiegerinck waren afkomstig van zijn vader, Adriaan van Reede tot Saesfeld die de goederen in 1601 reeds bezat.

In de loop van de zeventiede eeuw ontstond er meer vraag naar landbouwgrond. 1630 waren er vijf "erfgenamen" of "eigenerfden" uit Leusen die besloten zich te verenigen in een sociëteit of compagnie om het land te ontginnen van de "Woeste gronden ten noorden van Leusen". De vijf deelnemers, ook wel de "participanten" genaamd, vroegen de provinciale overheid (de Ridderschap en Steden van Overijssel) om vrijdom van belasting voor het te ontginnen gebied. Dit werd toegestaan en zo kon men beginnem et het oprichten van een nieuwe nederzetting. Nog voordat de compagnie in 1631 officieel werd opgericht ging men in november 1630 al over tot de koop van enkele erven: "De Participanten van de Luessener Compagnie hebbe aengekoft deze naebenoemde goederen. Opten 7. November 1630 gekoft vanden heere Ripperda den hooff to Luessen ofte Roelevinck, het erve Roelinck, Engbert Geerts erve, met 4 waeren to saemen voor Car.g. 14500". Elf dagen later kocht de compagnie-in-oprichting van kapitein Baecke de helft "vande Baecken Meele". Hieruit blijkt dat in 1630 Ripperda de bezitter van de hof van Leusen was. Ripperda behoorde echter niet tot de deelnemers in de compagnie.

In een kopie van de akte met de voorwaarden waaronder in 1633 een zesde participant tot de compagnie wordt toegelaten, wordt de oprichtingsdatum van de compagnie als volgt in een zin vermeld: "...aennemen ende beteikenen het Contract van de Sociëteit opten 8/18. Januarij Anno 1631 tusschen ons bij t oprichten van de Compagnie beraempt..". Omdat Overijssel in 1631 nog de oude Juliaanse tijdrekening kende en Holland en Zeeland al de nieuwe of Gregoriaanse kalender aanhielden en daardoor tien dagen voorliepen op de rest van het land wordt door middel van 8/18 aangegeven dat het ten tijde van de oprichting in Overijssel 8 januari was en in Holland en Zeeland 18 januari.

In hetzelfde stuk wordt de doelstelling van de compagnie als volgt omschreven: "Alsoe bij ons ondergeschrevenen ingegaen in seckere societeit ofte Compagnie tot ancopinge ende vercopinge van enige landen ende veenen, tot welcken einde ook alrede bij ons verscheiden goderen ende landerijen gecoft, een grifte begonnen ende se(e)-cker accort op t stuck vande duervaert mette Stadt Hasselt gemaeckt". Met die grifte wordt waarschijnlijk de Beentjesgraven bedoeld, die een waterverbinding tot stand bracht vanuit het te ontginnen gebied naar de stad Hasselt en diende voor de afvoer van de turf.

De akte waarbij in 1633 een zesde deelnemer in de compagnie wordt opgenomen, is door vier van de vijf participanten die dan de compagnie vormen, ondertekend: Sweder van Haersolte, Rutger van Haersolte, Herman Roelinck en Jacob Wijfferdinck. De vijfde participant was waarschijnlijk Herman Bloemert, omdat in een akte uit 1639 het bezit van de compagnie bij loting over de zes participanten wordt verdeeld en ook de weduwe van wijlen Herman Bloemert een deel krijgt toegewezen.

Binnen enkele tientallen jaren ontstaat zo een nieuwe nederzetting die tot grote bloei werd gebracht en de plaats waar haar oprichters van-daan kwamen, in grootte en inwonertal overschaduwde. Ter onderscheiding van Leusen ging de nieuwe plaats Nieuwleusen heten.

De hervormde kerk te Nieuwleusen aan de Dommelerdijk bevat nog altijd een 17de eeuwse preekstoel met het alliantiewapen van Herman Roelinck en Elisabeth Mechteld Ripperda.

Herman Roelinck was in zijn leven heer van Vechterweerd, Schellerberg, Den Cattenwinckel, beide Cattenvoorden en Strijtveen.

Uit dit huwelijk:

1. **Diederik Roelinck** (zie: 4.1);
2. **Gijsbert Roelinck** (zie: 4.2).

De grafzerk van Unico IV baron Ripperda en Judith van Twickelo in de kerk van Wesepe.

De huidige buitenplaats Schellerberg werd in opdracht van Ernestus Greven gebouwd in 1876 ter vervanging van het 17de eeuwse huis.

Schilderij van Schellerberg door J.W. Meyer uit 1884.

Stamwapen van het geslacht Ripperda: In zwart een springend gouden paard en op de rug zittend een geharnaste man, een opgeheven zwaard in de rechterhand houdend, alles van natuurlijke kleur.

4.1   **Diederik (Derk) Roelinck tot Vechterweerd**, gedoopt op 21-03-1628 te Zwolle, begraven op 23-08-1672 te Zwolle. Zoon van Herman Roelinck tot Vechterweerd en Elisabeth Mechteld Ripperda (zie: 3.1). Gehuwd op 10-02-1650 te Zutphen met **Mechteld Beuker (Bueckers)**, gedoopt op 17-08-1631 te Zutphen, begraven op 29-03-1711 te Zwolle.

Diederik was heer van Vechterweerd en secretaris van Overijssel vanaf 1652. Hij erfde het "huys Vegterweertt met alle syn rechten en de gerechticheiden, daertoe van olts behoorende". Zij woonden echter in de Bloemendalstraat te Zwolle.

Diederik was ontvanger van de Schellertiende in Zwollerkerspel die in bezit van de familie was gekomen via zijn moeder.

De familie Roelinck werd inmiddels beschouwd als de rijkste familie van Zwolle. Het vermogen was op dat moment in handen van de weduwe van Diederik. Rond dit voornamelijk op landbezit gebaseerde vermogen hing echter een geur van onrechtmatigheid. Want Diederik was tijdens zijn leven van financiële slordigheid en van grove verduistering van overheidsgeld beschuldigd.

Omdat zijn zoon Herman Joan reeds in 1706 was overleden ging het bezit van Vechterweerd in 1711 over op zijn kleindochter Fenna Hendrika Roelinck die in 1713 huwde met Egbert

Greven, controleur en ontvanger van de convooien en licenten.
Diederik schonk aan de Hervormde kerk in
Nieuwleusen een klok met randschrift die heden
ten dage nog altijd in de toren hangt.

Uit dit huwelijk:

1. **Fenna Roelinck** (zie: 5.1);
2. **Hendrina Gertrude Roelinck** (zie: 5.2);
3. **Herman Joan Roelinck** (zie: 5.3).

4.2   **Kpt. Gijsbert Roelinck**, gedoopt op 31-01-1636
te Zwolle, begraven op 20-04-1678 te Zwolle.
Zoon van Herman Roelinck tot Vechterweerd en
Elisabeth Mechteld Ripperda (zie: 3.1). Gehuwd
op 13-08-1667 te Huize Windesheim (Zwolle)
met **Maria Royer**, gedoopt op 14-09-1645 te
Zwolle, begraven op 15-12-1711 in de Lebuinuskerk te Deventer. Dochter van **Willem Royer**, burgemeester van Zwolle, en **Swaantje
Croese**. Maria huwt (2) op 27-11-1681 op Wijhe
van Deventer met **Tijman Marienburgh**.

Gijsbert was kapitein der infanterie. In 1667
huwde hij: "Gijsbert Roelinck soon van wijlen
de Heer Herman Roelinck Griffier van de Staten
van Ooverijssel, en Maria Rojers doghter van de
Heer Willem Rojer Burgermr. der Stadt Zwoll
op attestatie van Zwoll gecopuleert."

Op 15-10-1673 waren Gijsbert en Maria getuige bij de Remonstrantse doop van Maria Roeijers (Royer), dochter van Maarten Royer, wijnkoper en rentmeester te Tiel en in 1710 burgemeester van Zandwijk, en Hendrica Schulle.

Uit dit huwelijk:

1. **Elisabeth Mechteld Roelinck** (zie: 5.4);
2. **Sina Roelinck**, gedoopt op 30-12-1670 te Deventer, begraven op 20-09-1703 in de Lebuinuskerk te Deventer. Gehuwd met **Mr. Rudolph Jordens** (zie ook: 6.1).

5.1 **Fenna Roelinck**, geboren in 1651 te Huize Vechterweerd, begraven op 06-10-1695 te Delden. Dochter van Diederik (Derk) Roelinck tot Vechterweerd en Mechteld Beuker (Bueckers) (zie: 4.1). Gehuwd op 27-07-1670 te Huize Windesheim met **Johan Ludolf Mulert tot Bakenhagen**, begraven op 14-12-1705. Zoon van **Johan Mulert** en **Ida van Bake, Vrouwe van Bakenhagen**.

Johan Ludolf erfde van zijn moeder de havezate Bakenhagen. Deze zou tot 1822 in de familie Mulert blijven.

In 1670 huwden Fenna en Johan Ludolf: "27-07-1670 de Heer Johan Ludolph Moulert soon ten Baeckenhagen, en Juff: Fenna Roelinck na vertoninge van behoorlijcke attestatie van Zwoll, Delden, en Dalfsen in den h. Ehestant bevesticht"

Johan Ludolf wordt op 20-05-1675 door H. H. Mog. op voordragt van Overijssel tot Lid der kamer Delft van de Oost - Indische Compagnie benoemd.

Uit dit huwelijk:

1. **Johan Ludolf Mulert**, heer van De Keppels, gedoopt op 14-07-1671 te Delden, overleden in 1745. Gehuwd (1) op 16-08-1700 te Oosterbeek met **Lumme Stephanie van Hell**, geboren op 03-09-1682 te Arnhem, gedoopt op 04-09-1682 te Arnhem,

overleden op 13-09-1730 te Zutphen, begraven op 15-09-1730 te Zutphen. Dochter van **Casijn van Hell**, heer van De Wildbaan, en **Wilhelmina Catharina Huijgens**, vrouwe van Klarenbeek. Samen kregen zij 1 dochter;

2. **Koenraad Willem Mulert**, heer van Bakenhagen, gedoopt op 05-04-1677 te Zwolle, begraven op 28-05-1738. Gehuwd op 10-04-1714 te Markelo met **Cecilia Catharina van Keppel**, vrouwe van Odinck, geboren in circa 1680. Dochter van **Arnold Ludolf van Keppel**, heer van Odinck, en **Aleida Isabelle van Coeverden**. Samen kregen zij 1 zoon.

De Havezate Bakenhagen.

*Het familiewapen Mulert waarvan leden sinds 1814
behoorden tot de **Nederlandse adel** en welk adellijk
geslacht in 1994 uitstierf.*

5.2 **Hendrina Geertruid Roelinck**, geboren in 1652 te Dalfsen, begraven op 08-08-1705. Dochter van Diederik (Derk) Roelinck tot Vechterweerd en Mechteld Beuker (Bueckers) (zie: 4.1). Gehuwd (1) in 1675 met **Thijmen Vriese**, geboren in 1645, overleden in 1680. Gehuwd (2) op 09-05-1685 te Lingen met **Thomas Ernst Freiherr von Danckelmann**, gedoopt op 24-02-1638 te Lingen, begraven op 10-08-1708 te Lingen. Zoon van **Sylvester Danckelmann**, Richter en Gograf te Lingen, en **Beatrix von Derenthal**.

De eerste echtgenoot van Hendrina, Thijmen, was burgemeester van Zutphen. Hendrina Geertruid werd bij haar tweede huwelijk in 1685 vermeld als weduwe van "Timan Vriese". Haar tweede echtgenoot was Thomas Ernst Freiherr von Danckelmann. Zijn vader was Sylvester Danckelmann (1601-1679), Duitse Richter, gograf (gouwrechter) en bouwmeester. Sylvester is de vader van de zeven broers die bekend staan als de Danckelmanschen Siebengestirns (de zeven sterren van Danckelmann), die allen in de Reichsfreiherrenstand werden verheven en actief waren als jurist en politicus.

Thomas Ernst kreeg zijn eerste opleiding aan het Arnoldinum in Burg Steinfurt en studeerde daarna rechten in Leiden, Heidelberg en Wenen. Zijn loopbaan begon in 1663 als raadslid en archivaris in Minden, waar hij in 1666 werd benoemd tot directeur van de kerkenraad en het archief. In 1668 werd hij verkozen tot lid van de

Hoge Staatsraad en werd hij lid van het Hoogge-
rechtshof en hoofd van het belastingwezen.

Op 19-05-1681 werd Thomas Ernst door stadhouder Willem III aangesteld als "extraordinaris
Raedt en Richter der Stadt, Ampt ende Graff-
schap Lingen" In het gerechtelijk bureau werd
hij vertegenwoordigd door de plaatsvervanger
Hendrik van Dompzelaer (1684-1693) en de
plaatsvervangend rechter Henrich Diedrich Wes-
tendorff (1693-1705).

Tot 1686 bleef het Hoogduits de dominante
taal in de rechtbank en werd daarna bijna volledig vervangen door het Nederlands na het ver-
trek van J. Mettinck junior. De plaatsvervangend
rechters verschenen nu als de belangrijkste per-
soonlijkheden in de rechtbank, en zij bepaalde
uiteindelijk het taalgebruik.

Thomas Ernst was aanwezig bij de overtocht
van stadhouder Willem III en zijn vrouw Maria
Stuart toen die in 1688 aan het hoofd van een
gigantisch invasieleger als koning en koningin
van Engeland werden binnengehaald. Thomas
Ernst maakte deze overtocht mee als afgezant
van de keurvorst van Brandenburg. Danckelmann was als adviseur of geheimraad in dienst
van de keurvorst.

Op 23-07-1689 werd Thomas Ernst verheven
in de adelstand en op 10-03-1695 volgde ver-
heffing in de Freiherrenstand.

In de jaren 1688 tot 1697 was Danckelman am-
bassadeur aan het Pruisische hof in Londen, hij
was hierdoor tegelijkertijd in dienst van Pruisen

en Oranje. Toen stadhouder Willem III in 1702 stierf, wist Thomas Ernst de stad en het graafschap Lingen in bezit te nemen voor de koning van Pruisen. Danckelmann werd in 1707 de eerste districtspresident van het met Tecklenburg verenigde gebied.

De connecties die het huwelijk met Hendrina Geertruid met zich meebracht in Overijssel leidde ertoe dat het echtpaar rond het jaar 1700 huize het Laer met landerijen onder Ommen aankocht en daarop een nieuw vierkant huis liet bouwen met een eenvoudige geometrische tuin eromheen. Dit was het begin van het huidige Laer aan de Vecht tegenover de stad.

Uit dit huwelijk:

1. **Beate Elisabeth Freiin von Danckelmann**, gedoopt op 31-03-1687 te Lingen, overleden in juli 1710. Gehuwd op 31-03-1707 te Lingen met haar neef **Kpt. Philip Silvester Freiherr von Danckelmann**, zoon van **Eberhard Christoph Balthasar Freiherr von Danckelmann** (zoon van Sylvester Danckelmann) en **Sibylle Margaretha von Böel**;
2. **Silvester (Diederik Silvester) Freiherr von Danckelmann**, erfheer van Schwanecken, Laar en Hanekensundern, gedoopt op 18-07-1689 te Lingen, begraven op 13-02-1738. Gehuwd op 21-10-1717 te Lingen met zijn volle nicht **Everhardine Beate Freiin von**

Danckelmann, begraven op 01-10-1733. Dochter van **Eberhard Christoph Balthasar von Danckelmann** (zoon van Sylvester Danckelmann) en **Cecile Juliane Eberhardine Freifrau von Morrien**. Silvester werd op 27-10-1705 aangesteld als mede-richter en gograf om zijn oude en zwakke vader te ondersteunen. Na diens dood nam Silvester deze functies in 1709 volledig over. In tegenstelling tot zijn vader nam hij aanzienlijk vaker hoftaken op zich. Na de samenvoeging van de graafschappen Lingen en Tecklenburg en de verbetering van de rechterlijke macht in 1722, werd Danckelmann Direktor des Justizwesens en werd de Hof- und Regierungsrat H.W. Recke Richter in Lingen en voormalig Kriegs rat und n Oberempfänger Friedrich Hermann Balcke Richter in Tecklenburg;

3. **Willem Frederik Freiherr von Danckelmann**, geboren in circa 1691 te London, Engeland;

4. **Jan (Johan) Jacob Freiherr von Danckelmann**, gedoopt op 11-10-1692 te 's-Gravenhage, begraven op 10-07-1727 te Lingen. Geen kinderen.

Palais Danckelmann in Lingen.

Het familiewapen boven de ingang.

Landgoed Het Laer.

Het familiewapen van de freiherren von Danckelmann sinds 1695.

5.3   **Herman Joan Roelinck (tot Schellerberg)**, gedoopt op 21-03-1658 te Zwolle, begraven op 15-03-1706 te Zwolle. Zoon van Diederik (Derk) Roelinck tot Vechterweerd en Mechteld Beuker (Bueckers) (zie: 4.1). Gehuwd op 14-08-1680 te Zwolle met **Anna Mechteld Valck**, gedoopt op 13-01-1658 te Zutphen, begraven op 07-04-1711. Dochter van **Adriaan Valck**, burgemeester en markenrichter van Wercken (Werkendam), heer van Waszinck en Herlemaet, en **Maria van Eenschate**.

Herman Joan was burgemeester van Zwolle van 1687 tot zijn overlijden in 1706 en bewoonde de buitenplaats Schellerberg wat via zijn grootmoeder in de familie was gekomen.

In 1694 werd Herman Joan de Zwolse afgevaardigde bij de Staten-Generaal en daarmee de nieuwe favoriet van Willem III aangezien tijdens het bewind van Willem III de magistraat nauwelijks werd aangevuld met nieuwe families.

In de leenprotocollen van Overijssel werd vermeld dat Herman Joan op 17-12-1704 namens zijn onmondige kinderen na de dood van hun grootvader Adriaan Valck werd beleend met "Halff Langnicking myt synen toebehoren, gelegen in den kerspel van Marcloe." Halff was later bijgeschreven.

Adriaan Valck werd op 09-10-1649 beleend met Herlemaet in Warnsvelder kerspel. De eed werd vernieuwd op 15-01-1685 en ging via Anna Mechteld over naar de familie Roelinck.

Herman Joan was erfgenaam van de Schellertiende die via hem en zijn dochter, Fenna Hendrina, overging op Egbert Greven.
Bij het overlijden van Herman Joan werd vermeld: "Begr. Met 4 posen overluid begraven op
het lage choor in de kelder genummert met (in
de Michielikerk)." Dit is de Grote of St. Michaelskerk te Zwolle.

Uit dit huwelijk:

1. **Maria Roelinck** (zie: 6.1);
2. **Herman Willem Roelinck** (zie 6.2);
3. **Dirk Roelinck**, in 1700 overleden;
4. **Adriaan Roelinck**, geboren in circa 1689,
   overleden in 1717. In 1712 werden
   aantekening gemaakt door Adriaan Marcus
   ten behoeve van Adriaan Roelinck van de
   hoeveelheid gedorste tienden op de Scheller
   Enk, met aantekeningen van hetgeen
   Lambert van Keulen had gedorst;
5. **Mechteld Roelinck**, geboren in circa 1690,
   overleden op 05-12-1734;
6. **Jan Gijsbert Roelinck**, geboren in circa
   1693, begraven op 28-06-1761, oud 68 jaar.
   In 1754 stelde Jan Gijsbert zijn aandeel in de
   Schellertiende tot onderpand in een akte van
   hypotheek van 2000 gulden door kolonel
   Albertus Greven. Dit deed Jan Gijsbert
   vanuit zijn rol als administrsateur van de
   Roelincks armenhuizen;
7. **Fenna Hendrina Roelinck** (zie: 6.3).

Herman Joan Roelinck (tot Schellerberg).

Anna Mechteld Valck.

5.4 **Elisabeth Mechteld Roelinck**, gedoopt op 29-03-1668 te Zwolle, begraven op 27-08-1715 te Deventer. Dochter van Kpt. Gijsbert Roelinck, en Maria Royer (zie: 4.2). Gehuwd op 01-09-1689 te Bathmen met **Mr. Hendrik Jordens**. Zoon van **Johan Jordens**, burgemeester van Deventer, en **Geertrui van Steenbergen**.

Hendrik was van beroep Gemeensman en secretaris van Deventer. Hendrik was een broer van Mr. Rudolph Jordens (zie: 6.1).

Uit dit huwelijk:

1. **Johanna Geertruid Jordens**, gedoopt op 16-06-1691 te Deventer, begraven op 03-03-1747 te Deventer. Gehuwd op 19-12-1723 te Deventer met haar volle neef **Joan Jordens** (zie ook: 6.1);
2. **Maria Jordens**, gedoopt op 17-12-1693 te Deventer, begraven op 30-04-1732 in de Michaelskerk te Zwolle. Gehuwd (1) op 24-06-1715 te Deventer met **Willem Royer**, geboren op 13-01-1688 te Zwolle, gedoopt op 15-01-1688 te Zwolle, overleden op 22-07-1716 te Zwolle, begraven op 28-07-1716 in de Michaelskerk te Zwolle. Zoon van **Hendrik Royer** en **Anna Pauline Vriese**. Samen kregen zij 1 kind. Gehuwd (2) op 04-03-1726 te Zwolle met **Gerard Wicherlink**, gedoopt op 20-06-1675 te Zwolle, begraven op 31-05-1735 te Zwolle. Zoon van **Willem**

Wicherlink en **Elisabeth Vriese**. Samen kregen zij 1 kind;

3. **Hendrine Mechteld Jordens**, gedoopt op 21-08-1701 te Zwolle, begraven op 03-09-1740 te Zwolle. Gehuwd op 13-01-1735 te Deventer met **Daniël Louis**, gedoopt op 08-11-1696 te 's-Gravenhage, begraven op 29-08-1767 te Rotterdam. Zoon van **Daniël Louis** en **Suzanne Neaulme**. Samen kregen zij 1 kind;

4. **Sina Jordens**, gedoopt op 15-08-1706 te Deventer, begraven op 21-03-1782 te Zutphen. Gehuwd op 16-03-1760 te Deventer met **Joost Johan Opten Noort**, gedoopt op 09-10-1697 te Zutphen, begraven op 11-09-1768 te Zutphen. Zoon van **Johan Opten Noort** en **Naleken Verstegen**. Joost Johan huwde (1) op 11-05-1728 te Kampen met **Geertrui Margaretha Daendels**, gedoopt op 29-01-1696 te Kampen, begraven op 25-12-1758 te Zutphen. Dochter van **Gerard David Daendels**, heer van De Borchgrave, en **Anna Maria Lemker**. Uit zijn eerste huwelijk 2 kinderen.

Het familiewapen van het geslacht Jordens. in goud een liggend, rood hert op groene grond. Gevoerd door Joan Jordens, geboren in oktober 1579 te Deventer, overleden in 1648 te Deventer. Brouwer en gemeensman, provisor St. Geertruids Gasthuis en Keysersplaats.

6.1 **Maria Roelinck**, gedoopt op 02-03-1682 te Huize Windesheim, Zwolle, overleden op 25-08-1757 te Deventer, begraven op 30-08-1757 in de Lebuinuskerk te Deventer. Dochter van Herman Joan Roelinck (tot Schellerberg) en Anna Mechteld Valck (zie: 5.3). Gehuwd op 16-04-1705 te Huize Windesheim, Zwolle, met **Mr. Rudolph Jordens**, gedoopt op 17-12-1671 te Deventer, overleden op 17-10-1748 te Utrecht, begraven op 24-10-1748 in de Lebuinuskerk te Deventer. Zoon van **Johan Jordens**, burgemeester van Deventer, en **Geertrui van Steenbergen**. Rudolph was eerder gehuwd op 28-01-1694 te Colmschate (Deventer) met **Sina Roelinck** (zie: 4.2).

De vader van Rudolph was Provoost van Keijsersplaats (armenhuis), ontvanger van het karspel Raalte, rentmeester van het klooster Swarte waater, rentmeester van het kapittel, lid der gezworenen van de gemeente 1662-1674, zitting in de magistraat van Deventer, gedeputeerde ten landdage van Overijsel 1682-1693. Van Johan Jordens en Geertrui van Steenbergen is een gezinsportret gemaakt door hun zoon Antony Jordens. Hierop staat ook Rudolph afgebeeld.
Rudolph werd op 31-01-1688 ingeschreven op het Deventer Atheneum, op 10-11-1693 te Harderwijk en promoveerde daar in de rechten.
Van 1692 tot 1694 was Rudolph gemeensman voor de Bisschopstraat, van 1695 tot 1748 burgemeester van Deventer. Tevens was hij cameraar, rentmeester bvan het kapittel van St. Le-

buinus, lid van de admiraliteit Noorderkwartier, lid van de Raad van State en vanaf 01-05-1748 tevens gedeputeerde ten landdage van Overijssel en ter Staten Generaal.

Rudolph Jordens was ten tijde van het huwelijk met Maria burgemeester van Deventer: 16-04-1705 de Heer Burgermr. Rudolph Jordens van Deventer, met Maria Roelincks j.d. van wijlen de Heer Burgermr. N. Roelinck tot Zwolle Sijn alhier op attestatie van Deventer ende van Zwolle in den huwelijcken Staat bevestigt.

In een bewaard gebleven akte in het archief van de familie Van Heeckeren van Waliën verklaren Rudolph Jordens, Maria Roelinck en Adriaen Roelinck dat zij in 1707 aan Adriaan Baltasar Valk het goed De Valkenburg te Warnsveld in de buurtschap Wichmont hebben overgedragen.

Op 19-09-1716 werd Rudolph beleend met Bannink, onder Colmschate.

In de leenprotocollen van Overijssel werd op 13-04-1725 Rudolph Jordens vermeld als koper van "Halff Langnicking myt synen toebehoren, gelegen in den kerspel van Marcloe.", nadat Herman Willem Roelinck en zijn vrouw Anna Maria Eekholt (zie: 6.2) dit goed op 09-10-1721 te zijnen behoeve hadden opgedragen.

Op 16-11-1730 werd Rudolph beleend met Strijtveen en de leen te Kattenvoorde onder Wijhe nadat zijn zoon Gijsbeert Timan was overleden.

Uit het huwelijk Jordens – Sina Roelinck:

1. **Levenloos geboren kind**, begraven op 07-11-1694 in de Lebuinuskerk te Deventer;
2. **Mr. Joan Jordens**, gedoopt op 12-02-1696 te Deventer, begraven op 21-09-1724 in de Lebuinuskerk te Deventer. Joan werd ingeschreven op het Deventer Anteneum op 15-09-1712, was eerste klerk der provincie Overijssel sinds 18-04-1715. Gehuwd op 19-12-1723 te Deventer met zijn nicht **Johanna Geertruid Jordens** (zie ook: 5.4). Samen kregen zij 1 levenloos geboren kind;
3. **Levenloos geboren kind**, begraven op 14-10-1697 in de Lebuinuskerk te Deventer;
4. **Gijsbert Timan Jordens tot Kattenvoorde**, gedoopt op 30-08-1703 te Deventer (Lenuinuskerk), begraven op 23-10-1730 te Deventer (Lebuinuskerk), op 29-01-1720 ingeschreven op het Deventer Athenaeum, in 1723 ingeschreven op de Universiteit Utrecht, gemeensman te Deventer voor de Overstraat en ontvanger der verpondinge van het Oostkwartier van Vlaanderen, op 22-08-1730 beleend met Kattenvoorde.

Uit het huwelijk Jordens – Maria Roelinck:

1. **Mr. Hendrik Rudolph Jordens**, gedoopt op 28-09-1706 te Deventer (Lebuinuskerk), overleden (aan de pokken) op 26-04-1730 te Deventer, begraven op 01-05-1730 te

Deventer. Ingeschreven op het Deventer
Anteneum op 10-02-1723, te Utrecht in
1727, gemeensman voor de Norenbergstraat
van 1729-1730. Test. van Bern. Henr. ter
Borch, en Wed. Mr. H. R. Jordens, d.d. 29-
05-1770, geopend 16-04-1773. In dezen
boedel veel onroerende goederen, o. a. het
buitengoed de Matance, onder Terwolde.
Gehuwd op 27-08-1728 te Deventer met
Bernardina Henrika ter Borch. Samen
kregen zij 1 kind;
2. **Mr. Herman Jo(h)an Jordens**, gedoopt op
28-12-1706 te Deventer, overleden op 16-
07-1765 te Deventer, begraven op 22-07-
1765 in de Lebuinus kerk te Deventer. Be-
zocht het Deventer Athenaeum, werd eerst
klerk der provincie Overijsel van 1724-1745,
gemeensman 1746 tot 1756, burgemeester
van Deventer van 1757 tot 1765. Herman
werd op 20-11-1749 beleend met Strijtveen
en de leen te Kattenvoorde onder Wijhe.
Herman Johan en Rudolphina Johanna ver-
kopen op 21-02-1759 een hof onder de
Linden te Deventer die hij van zijn ouders
had geërfd. Op 10-11-1731 werden zijn
huwelijkse voorwaarden bekrachtigd. Ter
gelegenheid hiervan schonken zijn ouders
hem het goed Halff Langnicking. Gehuwd
op 10-11-1731 te Kampen met **Rudolfine
Johanna Daendels**, geboren op 16-06-1700
te Huize De Borchgrave, Heerde, gedoopt op
23-06-1700 te Kampen, begraven op 16-02-

1768 in de Lebuinus kerk te Deventer.
Dochter van **Gerard David Daendels**, heer
van De Borchgrave en burgemeester van
Kampen, en **Aleida Maria Lemker**. Samen
kregen zij 6 kinderen;

3. **Derk Adriaan Jordens**, gedoopt op 06-10-
   1710 te Deventer, begraven op 11-06-1723
   te Deventer (Lebuinuskerk);
4. **Anna Mechteld Sina Jordens**, geboren op
   11-1712 te Deventer, gedoopt op 27-11-1712
   te Deventer, overleden op 05-1780 te Deventer, begraven op 10-01-1780 in de Lenbui-
   nuskerk te Deventer (er is 1 uur geluid met
   alle klokken en baar in de kerk). Gehuwd (1)
   op 11-10-1733 te Deventer met **Mr. Toger
   Willem Brun**, gemeensman voor de Overstraat 1726-1737, ontvanger van het haard-
   stedegeld en van de 1000ste penning, gedoopt
   op 24-10-1702 te Deventer, begraven op 12-
   01-1737 in de Lebuinuskerk te Deventer.
   Zoon van **Joachim Brun** en **Aleida Steenbergen**. Gehuwd (2) op 07-10-1742 te Deventer met **Hendrik Hagedoorn**, burgemeester van Deventer en servijsmeester, geboren
   op 03-02-1712 te Deventer, gedoopt op 07-02-
   1712, overleden op 05-10-1773 te Deventer.
   Zoon van **Henrick Hagedoorn**, gemeensman
   en **Elisabeth Borgerink**. Anna en Hendrik
   kregen samen 6 kinderen. Hun dochter
   Petronella Henrietta Hagedoorn huwde
   Abraham Hendrik van Suchtelen (zie
   kwartierstaat bij familiewapens).

Het familiewapen
van het geslacht
Hagedoorn.

*Gezinsportret van Johan Jordens en Geertrui van Steen-
bergen en hun kinderen, met onder andere Rudolph en
Hendrik Jordens (zie: 5.4 en 6.1). Geschilderd door zijn
zoon Antony Jordens tussen 1675 en 1699.*

50

Portret van Maria Roelinck, toegeschreven aan Roelof Koets.

Portret van Mr. Rudolph Jordens, toegeschreven aan Roelof Koets. De portretten van Rudolph Jordens en Maria Roelinck hebben berust onder Jhr. Sandberg van Essenburg op het kasteel Essenburg.

6.2 **Herman Willem Roelinck**, gedoopt op 15-01-1691 te Zwolle, begraven op 16-04-1757 te Kampen. Zoon van Herman Joan Roelinck (tot Schellerberg) en Anna Mechteld Valck (zie: 5.3). Gehuwd op 21-07-1716 te Kampen met **Anna Maria Eekholt (Eekhout)**, gedoopt op 01-05-1687 te Kampen, overleden op 17-03-1745 te Kampen. Dochter van **Anthonie Eekholt** en **Anna Beeldsnijder**.

Herman Willem hude in 1716 met Anna Maria Eekholt. De vader van Anna Maria, Anthonie Eekholt, was Ontvanger van Mastenbroek 1675, burgemeester en schepen van Kampen in 1706, gecommiteerde ter admiraliteit van het Noorder-kwartier 1706, ter Raad van State 1708, ter Generaliteits Rekenkamer 1713, ter Staten-Generaal 1716-1718 en 1722-1724.

Herman Willem was van 1725 tot 1752 ont-vanger van Mastebroek en werd in 1752 opge-volgd door Willem Joan Eekholt.

In de leenprotocollen van Overijssel werd op 07-05-1716 vermeld dat Herman Willem was beleend met Halff Langnicking myt synen toe-behoren, gelegen in den kerspel van Marcloe na het overlijden van zijn vader. Op 13-04-1725 werd vermeld dat Rudulph Jordens dit goed had gekocht nadat Herman Willem en Maria Eekholt dit op 09-10-1721 aan hem hadden opgedragen.

Herman Willem was schepen en burgemeester van Kampen. In 1735 werd hij genoemd als cameraar, een schepen die voor een jaar aangewezen was voor het financieel beheer van de stad.

Herman Willem was erfgenaam van Winold Valck en werd op 30-11-1742 beleend met Bleershorst en Roth in Heeten.

Uit dit huwelijk:

1. **Anna Mechteld Roelinck**, geboren op 05-09-1717 te Kampen, overleden op 04-07-1796 te Deventer. Gehuwd op 02-09-1739 te Kampen met **Silvester Aemilius ten Brink**, advocaat;
2. **Maria Roelinck**, in alle acten van haar wordt zij Maarija genoemd, lid van de hervormde gemeenschap te Kampen voor kerst 1739, gedoopt op 28-06-1720 te Kampen, begraven op 06-11-1766 in de Bovenkerk te Kampen. Gehuwd met **Herman Everhard Hubert**, secretaris van Kampen. Samen kregen zij 1 zoon **Mr. Herman Willem Hubert**, secretaris van Kampen. Gehuwd met **H.E. van Berchuijs** (later gwhuwd met **Mr. H.G. Homan**). Deze Herman Willem had in 1789 een minderjarigre zoon genaamd **Harmen Jan Roelinck Hubert** (voogden waren Eerw. Ewoud van Diemen van Lamsweerden, Mr. J.B. Forsten en Mr. L.T. Hasselt), geboren in circa 1781, overleden op 01-11-1826 te Beverwijk;

3. **Anna (Anna Petronella) Roelinck**, gedoopt op 22-05-1721 te Kampen. Gehuwd met **Kol. Pieter Herman Verhoef**;
4. **Dr. Herman Jan Roelinck**, gedoopt op 17-05-1724 te Kampen, overleden op 04-05-1766 te Kampen, begraven op 19-05-1766 in de bovenkerk te Kampen. Raadslid, schepen en burgemeester van Kampen van 1748-1766. Bezat Stouwerve in Oosterwolde (wat na zijn overlijden overging op zijn erfgenaam Harmen Jan Roelinck Hubert, zie: hierboven). Gehuwd in 1760 met **Margaretha Greven**, gedoopt op 26-06-1741 te Kampen, begraven op 01-09-1802 te Kampen. Dochter van **Willem Albert Greven** en **Margarita Strockel**. Margaretha huwde (2) op 22-02-1778 met **ds. Ewoud van Diemen van Lamsweerde**, overleden op 26-09-1803 te Kampen.

Op den eersten November 1826, is in de B R V E R-WIJK, in den ouderdom van ruim 45 jaren, overleden, de Wel Edel Geboren Heer HARMEN JAN ROELINCK HUBERT.

Krantenknipsel betreffende het overlijden van Harman Jan Roelinck Hubert.

Zegel met het familiewapen van het geslacht Eekholt (Eekhout).

Krantenknipsel betreffende het overlijden van Anna Mechteld Roelinck in 1796.

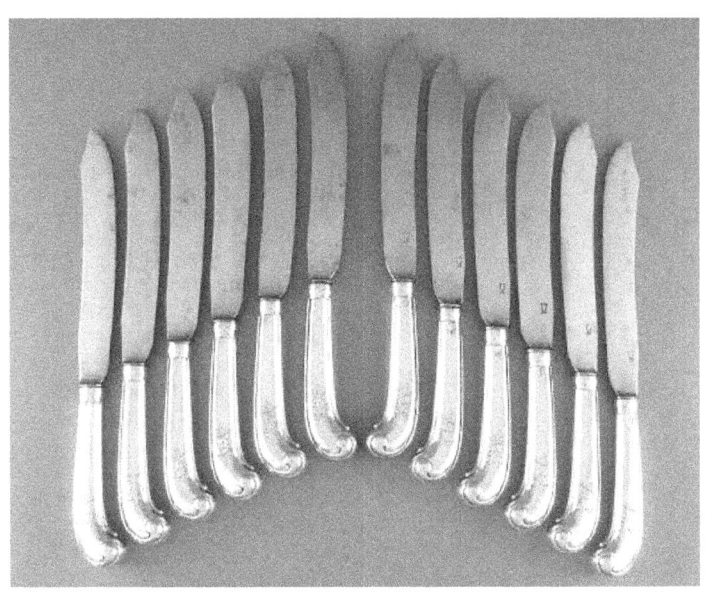

12 zilveren pistoolmessen uit 1718 door Willem van Laer

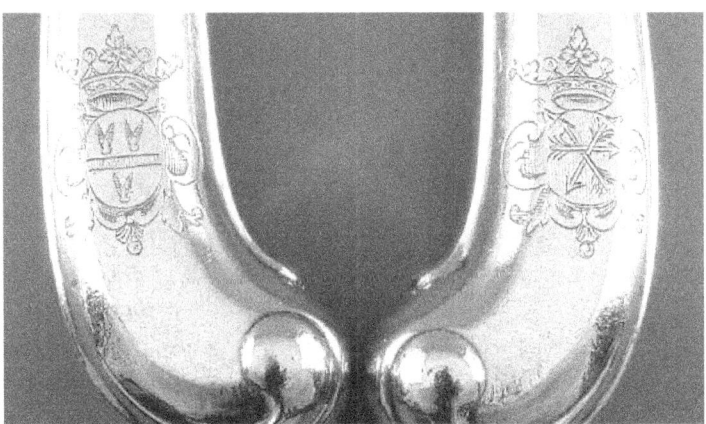

De in 1760 aangebrachte wapens ter gelegenheid van het huwelijk tussen Herman Jan Roelinck en Margaretha Greven.

Het familiewapen van het geslacht Greven. In rood twee gewende schuingekruiste pijlen met de punten naar rechts, waar overheen, iets boven het snijpunt van de beide andere, een omgewende pijl, alles zilver en goud geveerd. Bij K.B. van 07-07-1909 werden Herman Joan, Cornelis Johannes, Hendrik Marie en Christiaan Johannes Abraham Greven verheven in de Nederlandse adel.

6.3   **Fenna Hendrina Roelinck**, gedoopt op 29-01-1695 te Zwolle, begraven op 11-04-1752 te Zwolle. Dochter van Herman Joan Roelinck (tot Schellerberg) en Anna Mechteld Valck (zie: 5.3). Gehuwd op 01-11-1713 te Mastebroek met **Egbert Greven**, gedoopt op 26-08-1683 te Zwolle, begraven op 16-02-1725 te Zwolle. Zoon van **Albert Greven** en **Elisabeth Royer** (dochter van Willem Royer en Swaantje Croese, zie ook 4.2).

In 1711 erfde Fenna het leengoed Vechterweerd, evenals de Schellerberg en de Schellertiende in Zwollerkerspel. Zij huwde in 1713 met Egbert Greven, controleur en ontvanger van de convooien en licenten. Hun nakomeling Ernestus Greven liet op de Schellerberg in 1876 het wit gepleisterde buitenhuis bouwen ter vervanging van de 17de eeuwse spieker. Het dienstgebouw dateert ook uit die tijd.

Egbert overleed overleed al in 1725 en liet drie kinderen na. Op 07-01-1727 werd Fenna Hendrina in het leenregister vermeld als weduwe Greven en eigenaresse van Vechterweerd. Uit deze tijd (waarschijnlijk 1729) is een pentekening van Vechterweerd bewaard gebleven van de bekende dichter en tekenaar Abraham de Haen. Deze tekening geeft een goed beeld hoe de havezate er destijds uitzag.

Fenna vestigde zich permanent op de Vechterweerd. Het huis bezat destijds drie kamers met een vuurstede. Tevens was er in de 17de eeuw een brouwerij. Het huis werd beschreven "als een zeer vermakelijk lusthuis". Fenna overleed in 1754, maar had in 1745 haar testament gemaakt. "Aangaande het huys Vegterweerd, met de hoven en boomgaarden, alsmede de visscherie in de vechte, mitsgaders de Hoge en Lage Weerd, het sterrenbos cum annexis en de vorderende plantasie, so uit het agterste sterrenbos over de dijk, bysyden de weerd gaat het bosje by het huys, so om en by de teuge gaat", bepaalde zij, dat dit één perceel bijeen moest blijven en altoos in de familie moest vererven.

Haar kinderen gingen niet tot verdeling over, zodat de gehele erfenis aan de laatste levende toeviel en wel Herman Joan Greven.

Uit dit huwelijk, drie kinderen waaronder:

1. **Herman Johan Greven**, burgemeester van Zwolle vanaf 1744, nam vanaf 1747 zitting in de Staten-Generaal, gedoopt op 15-01-1719 te Zwolle, begraven op 27-12-1784 te Zwolle. Gehuwd op 03-06-1760 te Zwolle met **Elisabeth Catharina van Ravestein**, gedoopt op 17-03-1737 te Zwolle, begraven op 17-06-1775 te Zwolle. Dochter van **Hendrik van Ravestein** en **Alida Anna Royer** (dochter van Hendrik Royer en Anna Pauline Vriese, zie ook: 5.4). Samen kregen zij 2 kinderen. Na het overlijden van Herman Johan ging Vechterweerd over naar zijn oudste zoon die in 1832 op 80 jarige leeftijd

overleed. In 1844 werd Vechterweerd door de erfgenamen te koop aangeboden. Het bestond toen uit een "heerenbehuizinge, stalling, tuinmanswoning, boerenerven, katersteden, bouw en groengronden, spatieuze tuin en boomgaard met exquise vruchtbomen, fraai en met smaak aangelegde wandeldreven enz gezamenlijk groot ruim 98 ha". Voor fl. 6.500,- werd het huis op afbraak verkocht aan Hendrik Kleinboonte uit Dalfsen, die het in 1845 liet slopen. Het gehele goed inclusief de bomen werd voor fl. 64.640,- gekocht door Wilhelmina Louise, een van zijn kleinkinderen die gehuwd was met Jan Arend Godert baron van Steenwijk. In 1849, na haar jeugdige dood, werd het huisperceel verkaveld, de bomen gekapt en de tuinen geschikt gemaakt voor weiland.

Pentekening van Vechterweerd uit circa 1729 door dichter en tekenaar Abraham de Haen.

Geraadpleegde bronnen

Apostillen van Campen en haar Jurisdictie 1624-1809. Deel 26 S. 4 jan. 1787 – 24 dec. 1795. Inv. nr. O.A. 209.

Armorial général précédé d'un dictionnaire des termes du blason, 2 dln., J. B. Rietstap, Gouda, 1884-1887.

Atlas Overijsselse buitenplaatsen. H.W.M. van der Wyck en J. Enklaar-Lagendijk, Uitgeverij Canaletto, 1983.

Buitenplaatsen in Nederland: Schellerberg, Albert Speelman, 2022.

CBG Familiewapens.

CBG Verzamelingen.

De havezaten in Salland en hun bewoners. A.J. Gevers en A.J. Mensema, Uitgeverij Canaletto, 1983.

Deventer geslachten. Bijdrage tot de genealogie Jordens. Mr. H. Kronenberg en Jhr. H. H. Röell. De Nederlandsche Leeuw, jaargang 47, 1929.

Deventer renuntiatieboeken. Zie ook cahier 6Oe penning, Colmschate 3 Mrt 1740, 17 April 1770, 5 Juni 1773 en 14 Febr. 1774

Die Geschichte der Schriftsprache in der Stadt ….
Lingen vom 16. bis zum 19. Jahrhundert. Hans
Taubken, Bohlau Verlag Köln/Wien, 3 september 2011.

Familiearchief De Vos van Steenwijk, takken
Windesheim, Dikninge en Voorstonden (Collectie
Overijssel locatie Zwolle), 2022.

Familiearchief Van Heeckeren van Waliën, Gelders
Archief, 2022.

Genealogie der familie Van Suchtelen, I Deel, opgemaakt
door een lid dier familie op het einde van den jaare 1812.

Genealogie der famille Van Suchtelen gaande tot het einde
van den jare 1836.

Genealogische aantekeningen getrokken uit de genealogie
van de familien Van Markel, Bouwer, en Van Suchtelen,
van wijlen den heere Alexander van Suchtelen, overleden
den 20-10-1804.

Genealogie Hagedoorn ca. 1500 – heden, H.A.
Hagedoorn, 2022.

Genealogie van een Grunneger: Genealogie van
Nazaten De Vries en anderen. Harm Hillinga, 21-04-
2018.

Geslachtkundige aanteekeningen ten aanzien van de
gecommitteerden ten landdage van overijssel zedert
1610-1784, met eenige berigten omtrent de voormalige

havezaten in dat gewest, Mr. J. van Doorninck.
Deventer, J. de Lange, 1869.

Huize Schellerberg, Fam. Dr. A.K. Mostert,
www.huizeschellerberg.nl, 2022.

Kamper Schepen- en Schoutenzegels IX. K. Schilder,
Kamper almanak, 1982.

Licht op Deventer: de geschiedenis van Overijssel en
met name de stad Deventer, Boek 6 (1619-1640).
Jacobus Revius, Uitgeverij Verloren, 1998.

Nederland's Patriciaat, 52e jaargang, blz. 208., 1966.

Ni'jluusn van vrogger. Marius Veltmaat, jaargang 4
nummer 3 september 1986.

Nieuw Nederlandsch Biografisch Woordenboek
(NNBW): Jordens.

Repertorium op de leenregisters van de leen- en
hofhorige goederen van de proosdij van St. Lebuïnus te
Deventer 1408-1809. Deel II, nr. 434. A.J. Mensema,
Zwolle, 1981.

RKD-Nederlands Instituut voor Kunstgeschiedenis.

Stam- en Wapenboek van aanzienlijke Nederlandsche
Familiën met genealogische en heraldische
aantekeningen, pl. 45., A.A. Vorsterman van Oijen, J.B.
Wolters, 1885 – 1890.

Stemme in staat: De bestuurlijke elite in de stadsrepubliek Zwolle 1579-1795. J.C. Streng, Uitgeverij Verloren, 1997.

Uit Zwolle's verleden, schetsen van stad en omgeving. J. Geesink, Uitgeverij de Erven J.J. Tijl, 1946.

Uut de olde deuze: Vechterweerd. Willy, Dalfsen, 2014.

Wapenboek vereniging Veluwse geslachten beschrijvingen en afbeeldingen van wapens en zegels. Anton C. Zeven, april 2020.

Wapenregister van de Nederlandse adel Hoge Raad van Adel 1814-2014, Coen O.A. Schimmelpenninck van der Oije, Egbert Wolleswinkel, Jos van den Borne, Conrad Gietman, WBooks, 2014.

Wappenbuch des Westfälischen Adels Band 2/Tafel 091-5. Max von Spießen, Görlitz, 1901-1903.

Website van L'Argenterie Antique, Gees, 2022.

Wikipedia: Havezate Backenhagen.

Windesheim, transcriptie geref. trouwen 1661-1776. Peter Klunder (Oorspronkelijke bron Archiefinstelling: Historisch Centrum Overijssel, Zwolle Archief: DTB Overijssel (Windesheim), Transcriptie Datum versie 1 20 mei 2011.

www.ingramcontent.com/pod-product-compliance
Lightning Source LLC
Chambersburg PA
CBHW071329310526
45789CB00017B/2152